如 何
长 大 成 熟

追求完全生命的七项操练

如何长大成熟

追求完全生命的七项操练

Be Perfect and How

叶光明国际事工版权 © 2016

叶光明事工亚太地区出版

PO Box 2029, Christchurch, New Zealand 8140

admin@dpm.co.nz

叶光明事工出版

版权所有

DPM47

ISBN: 978-1-78263-630-4

目 录

引言

耶稣曾经赐下一个很简单的命令：「你们要完全」。这个命令只有简简单单的五个中文字，但是要实践起来并没有那么简单。

此外，耶稣说的不是「你们要**试着**完全」，他说的是「你们**要**完全」。他从来没叫我们**试着**去遵行他的命令，他从来没说你要**试着**去爱仇敌；他乃是说「你们要**爱**仇敌」。为什么呢？因为他知道如果我们倚靠自己的能力去成为完全，我们会因为受挫连连而放弃。因为是根本做不到的。

恩典自何处起始

新约的所有要求都奠基于神的恩典 — 借着耶稣基督我们可以得着这恩典。有句话我已经说过许多次，我还要再强调一次：人的尽头是神恩典的起头。当我们可以靠着自己的能力、智慧或公义去做一件事情时，那么我们就不需要神的恩典。但当我们无能为力时，就是恩典的起始。

神说：「**我的恩典够你用的。**」（哥林多后书十二：9）你相信这句话吗？你真的相信他的恩典是足够你用的吗？你相信恩典可以使你做到他命令你做的任何一件事情吗？

在本书中，我们将学习唯有透过恩典才能遵行耶稣最简单的命令。也唯有透过恩典我们才能「成为完全」。

第一章
成为完全是什么意思

在开始研读之前，我们先来读耶稣说过的一段话语。在登山宝训中耶稣如此说：

> 「所以，你们要完全，像你们的天父完全一样。」
>
> （马太福音五：48）

许多人试着解释「完全」这两个字，却远远偏离它真正的意义。这段经文为我们立定了一套标准，让耶稣所说的命令毫无可疑之处；我们要完全，就像天父一样完全。

假如我们可以从经文前几节的上下文来思想这个命令，就会看出两样真理。首先，这里所讲的「完全」，是指用恰当的方式面对和处理；不只是某些人，更是每个人。其次，可以用「爱」这个词语为这命令来作总结。因为完全与爱是无法分开看待的。

一起来看马太福音五章这里耶稣所说的话，我们从第 43 节开始看：

> 你们听见有话说：「当爱你的邻舍，恨你的仇敌。」只是我告诉你们，要爱你们的仇敌，为那逼迫你们的祷告。这样就可以作你们天父的儿子；因为他叫日头照好人，也照歹人；降雨给义人，也给不义的人。
>
> （第 43-45 节）

我问你：你对这经文是认真看待的吗？你知道，神面对每一个人都是完全的：无论是对邪恶的人或好人。在每一种态度上与关系上，他都是完全的。

「你们若单爱那爱你们的人，有什么赏赐呢？就是税吏不也是这样行吗？你们若单请你弟兄的安，比人有什么长处呢？就是外邦人不也是这样行吗？所以，你们要完全，像你们的天父完全一样。」　　　　　　　　　　　（第 46-48 节）

为了了解「完全」的意义，以圆形作为例子来思考，应当会有所助益。圆形有大有小、有不同的直径与面积。但不论圆多小，都是个完全的圆。运用这幅图像，我看到神是最伟大的完美圆形。我们没有跟他相同的伟大或能力可以涵括整个宇宙，但是我们每一个人，在我们自己所被赋予的特殊位置上，都是一个小小又完美的圆。我的重点是，你不用一定要很大，仍然可以是完整的圆。

成熟与完整

「完全」一词囊括了两个相关层面：一是成熟，二是完整。要成为完全就需要结合这两种特质。

请你试着想象那挂在枝干上的青绿色苹果。它小小的、圆圆的、青绿色的，很硬。从某个角度来看，它很完全，因为苹果本身没有任何损伤。但从另一个角度来看，这苹果并不完全，因为它还不成熟。

或者想象一个十二岁的男孩，他的身体很健全。就像一粒青苹果一样，很完全，但是尚未达到成熟的地步。从另一方面来看，一个身体已经长大的四十岁男人，可能够成熟，但如果他因故失去了一只手指头，他就不完整了。要追求完全，你必须既成熟又完整，显然这需要经过一段历程。

让我们一起来看几处经文，它能教导我们关于成熟与完整的这些面向。罗马书五章 5 节是一处适合我们切入这主题的经文。保罗在这节经文中说了一句很令人惊奇，却又很难让人完整理解的话。

所赐给我们的圣灵将神的爱浇灌在我们心里。

我们经常听到这一节经文，但是我怀疑我们是否真的吸收了经文的精义？保罗在这里说的不是「神一部分的爱」，而是说「神的爱」，就是神全部的爱已经被浇灌在我们心里。他也清楚说明，这样的爱不只是被浇灌下来，而且是由圣灵所浇灌下来的。我相信每个受过圣灵洗的人都接受了这种来自神爱的浇灌，有几次我曾看见有人因此而产生一些极不寻常的行为。

好几年前，我跟第一任妻子莉迪亚所牧会的一间教会中，有位长老会的长老是位标准的长老会信徒．他是位很忠厚老实的绅士，为人高贵而又性格沉稳。他对圣灵的洗很渴慕。于是我跟内人开始为他祷告，当莉迪亚为他按手祷告时，他立即领受了圣灵的洗。他沉浸在神的同在中片刻，接着他突然跳起来拥抱我太太！我想他事后曾为这件事一直很过意不去！当时神的爱突然间在他内心涌流，于是乎他想到的第一件事情就是想拥抱人，而刚好他就去拥抱了莉迪亚。

我相信对每个受过圣灵的洗的人都是一样的。我们都拥有圣灵所浇灌；在我们里面的神的爱。而当神的爱涌流出来，就会产生一些令人惊讶的效果。

然而，涌流出神的爱是一回事，能活出神的爱来又是另一回事。一开始的经历是很荣耀的，有时候，当人经历到神爱的充满，就觉得自己似乎再也不会遇到任何困境。当别人问我的朋友鲍伯曼弗：「领受到圣灵洗礼的证据是什么？」他如此回答：「遇到麻烦！」所以，如果你正处在圣灵在你生命中活泼动工的早期阶段，我要警告你，领受只是第一阶段，接着还有更多的可以期待。

这个涌流在你里面的美好之爱（出于神、完整、完全的爱）现在必须被活出来。下面这一节腓立比书的经文，可以帮助我们了解这件事：

> 这样看来，我亲爱的弟兄，你们既是常顺服的，不但我在你们那里，就是我如今不在你们那里，更是顺服的，就当恐惧战兢做成你们得救的工夫。因为你们立志行事都是神在你们心里运行，为要成就他的美意。（腓立比书二：12-13）

请注意这里有两个用词「做成……工夫」、「在心里运行」。这二者是相辅相成的。神在我们心里运行，我们则需要做成神所运行的工夫：神做进去，我们做出来。如果神没有在我们心里运行，我们就无法做成什么工夫。但如果我们没有做成工夫，神也无法继续在我们心里动工。

希望你可以了解这个关键的重点。我们靠着神所做出来的程度决定了神在我们里面要做的限度。如果我们停止做成神在我们里面运行的工夫，就没有理由让神继续在我们心里运行。但是当我们继续做成这工夫，神就会继续在我们心里运行。启始总是出于神，但行出来却是我们的责任。

连耶稣也要经历「完全」的历程

回到罗马书第八章，我们看到保罗说了这样的话语：

> 人若没有基督的灵，就不是属基督的。
>
> （罗马书八：9）

我了解这段经文的意思是指，当我们重生之后，就领受了基督的灵。透过重生，基督的真正性情就在我们里面诞生，但这性情还是需要被活出来。

这告诉我们透过重生，有两个过程会被启动。第一，我相信我们每个人都领受了基督的性情。第二，这也必然成为我们品格的一部分，却是一种发展的历程。

有趣的是，这也是耶稣自身的经历。希伯来书五章中有一处令人惊讶的经文，很清楚说明这一点：

> 他虽然为儿子，还是因所受的苦难学了顺从。他既得以完全，就为凡顺从他的人成了永远得救的根源。 （希伯来书五：8-9）

令人吃惊的是，就连耶稣也得经历这追求完全的历程。耶稣的完美从未短缺，但耶稣美善的特质却必须透过他的品格活出来。耶稣是借着某种行动来体现完全，而我们所有人都需要这么做。希伯来书五章 8 节提及顺服这个钥字，换句话说就是「因所受的苦难学了顺从」或是「顺服而导致受苦」。但基本上，要追求完全没有其它的方法。我很高兴**受苦**一词出现在这里面，否则我可能让大家把事情想象得太简单了。

耶稣**学会了**顺从，也只有一种方式可以学会顺从。

你知道是什么方式吗？就是透过顺服的行动。就连耶稣都得学习，他从未不顺从，从未有不顺从的倾向。如果你要学习顺从就一定要顺服。你愿意接受这个真理吗？如果现在你正经历困难的事情，只要记得，这是你正在学习顺从。唯有透过顺服，你才能学会顺从。

忍耐也是一样。除了经由忍耐之外，无以学习忍耐。单单理论上的论述是很轻省的，但要真正习得，就必须透过你的性格去磨练出来。

学习去爱

许多年前，我对爱与完全及顺从的相互连结关系，感到不解。刚好我是个独子，没有兄弟有姐妹。因此，凡事我都倾向于按照自己的想法走。有个朋友曾对我说，说我是他遇到过最特立独行，自给自足的人。

我不习惯迎合他人，我的人生可以为所欲为。我很成功，无论学术上或是其它方面，因此我从来没有学会让步妥协这件事。我年幼时也没有学习过「跟他人分享玩具」，因为根本没有人会在旁边想要分享我的玩具。再加上我在英国传统式的教育体系中成长，从小到大就是竞争、通过考试、考第一名、赢过他人。

然而当我认识了主耶稣，我受到真理的冲击，就是我跟大家分享的这些真理。当谈到爱、分享、不自私的时候，我第一次发现我远远落后很多人。于是我认真寻求主，我对神说：「神啊，我该怎么做呢？」我相信主给了我一个很简单的答案，我要跟大家分享。这答案记载在约翰一书二章 5 节：

> 凡遵守主道的，
> 爱神的心在他里面实在是完全的。
> 从此，我们知道我们是在主里面。

我明白这段经文讲到两个面向（圣经希伯来书四章 12 节说，神的话是两刃的剑，这段经文刚好有两个锋刃）。首先，爱神的证据是遵行他的话。耶稣说过：「有了我的命令又遵守的，这人就是爱我的。」（约翰福音十四：21）别再欺骗自己！你遵行神的话语多少就爱神多少。当你不顺服他的话语，你就是停止爱神。爱神的证据就是遵行他的话语。

第二个面向就是神的话能在你身上得以完全（活出来）。我们不只是透过遵行他的话来爱他，这也是神的爱可以在你身上得以完全的管道。在这里提到的**爱**，在新约希腊文的原文字是 Agape（在此称**爱加倍**）。这不是一种感情，也不只是你感到被爱的事实。**爱加倍**的爱会在你的性格中深刻地运作，透过你的生活方式表达出来。

于是我对自己说·「或许我无法一直觉得自己有爱，但我可以遵行神的话。」从那时候开始，这就成为我的原则。（至于我到底做得好不好，就留给别人去评断吧。）我寻求神的爱的方式就是：遵行他的话语。

当我受洗归主时，就下定决心要读经。以前我是个专职研究哲学的人，读过很多书，能使用多种语言。但现在我对自己说：「圣经就是给我答案的那本书；事实上，这是**唯一**拥有答案的那本书。我为什么要把时间浪费在其余的书籍主题上呢？我要读圣经，并相信它，而且照着所指示的去做。」

只要我遵行这个原则，就无往不利。但当我离开神的话语而行时，必然失败。我给各位的建议是：不要只是试着体会爱的感觉。不要一副懒散、多愁善感的样子。你可能听过这句话：「懒散的『爱加倍』（sloppy agape）」，到处都看的到这类情况。相反的，你只需要顺从并遵行神的话语而行。

内人路得和我几年前去了趟马来西亚，当时本来没有计划要讲这个主题，但后来决定分享。没想到，在信息结尾有位女士上前来对我说：「你有长足的进步耶，二十年前我就听过你讲道，比起二十年前，你现在进步很多！」那番话对我有很大的鼓励，我也希望可以鼓励读者诸君。

让我们以委身的祷告来结束这一章吧！如果你真诚地愿意踏出脚步，与主建立更亲密的关系，请你跟我一起祷告：

亲爱的天父，

我知道我无法靠自己的力量成为完全。请将你的爱与恩典丰富地浇灌在我心中，使我可以因着顺从你而与你同行。

我愿意像耶稣一样学习顺从，我愿意委身于研读你的话语，遵行你的话语，爱你并且学习透过你话语中的教导去爱他人。我感谢你帮助我能踏出这一步。奉耶稣名祷告，阿们。

第二章
走向完全

圣经是一本很实用的书，不只告诉我们要"完全"，也赏赐给我们一套实践计划，以帮助我们达到完全。彼得后书为我们罗列出一段历程，陈明每一个步骤。彼得后书第一章一开始就先提出几个基本真理，好预备我们进入这段历程，紧接着提出迈向长大成熟历程中所需的"基础要领"（building blocks，或作盖房子用的"基石"）。在本章中，我们先来检视几项预备性的真理，好帮助我们了解建造生命的历程为何。

先从第 1 节开始。

作耶稣基督仆人和使徒的西门·彼得……
（彼得后书一：1）

我先来谈谈"**仆人**"这个词汇，在希腊原文中指的是"奴隶"。你是否注意过在新约圣经中，使徒总是先自称为仆人，再称为使徒？倘若你遇到某个人，他是先自称使徒再称为仆人的，那么你就可以怀疑他是否是真使徒。

我有一个多年的传道人好友，自小就在威尔斯某个宗派的环境下成长。他为着某些自称为使徒的人而备感幻灭。他觉得在某种程度上，这些人基本上是在掌控其下的跟随者。无论情况是否真是如此，但确实是他得到的印象。他说："我清楚一件事情。那就是在新耶路撒冷中，使徒是根基。他们不是高高在上压制你的人，而是身在最根基的位置支撑你的人。"对那些向往成为使徒的人来说，这种观点会造成很大的冲击。难道你没这种感觉吗？

多年前我在教导以弗所书四章中，讲到服事教会时几个重要的属灵恩赐。我原本只想先简短谈一下使徒性事工，然后就接着讲下面的内容。但不知为何我一直卡在"使徒"这个主题上，无法前进。当我一边教导时，我一边看到观众席中某些年轻人似乎表现得越来越兴奋，他们都把自己设想为使徒。于是我想："我得想个办法了。"

于是我问台下的听众："有多少人想要成为使徒？"许多人把手举起来。接着我又说："等等，让我先把使徒的职务说明跟大家解说一遍。"我用新国际译本把接下来的经文读了一遍，它翻译得很生动。我从哥林多前书四章 8 节开始读起，那是保罗写给哥林多的基督徒的：

> 你们已经饱足了！已经丰富了！不用我们，自己就作王了！我愿意你们果真作王，叫我们也得与你们一同作王。我想神把我们使徒明明列在末后，好像定死罪的囚犯；因为我们成了一台戏，给世人和天使观看。我们为基督的缘故算是愚拙的，你们在基督里倒是聪明的；我们软弱，你们倒强壮；你们有荣耀，我们倒被藐视。直到如今，我们还是又饥又渴，又赤身露体，又挨打，又没有一定的住处，并且劳苦，亲手做工。被人咒骂，我们就祝福；被人逼迫，我们就忍受；被人毁谤，我们就善劝。直到如今，人还把我们看作世界上的污秽，万物中的渣滓。
>
> （哥林多前书四：8-13）

接着我又问了一次同样的问题："有多少人想要成为使徒？"这一次举手的人就少了很多。那次会将重点放在使徒是要为神的子民牺牲的仆人，其实有点离题了，但我相信在神心中这是很重要的一个议题。

走向完全的历程

让我们继续来看彼得后书一章第 1 节的经文，这句经文导引出"走向完全"历程的第一项真理：

> 作耶稣基督仆人和使徒的西门·彼得，写信给那因我们的神和救主耶稣基督之义、与我们同得一样宝贵信心的人。

一、倍增的人生

这卷书信是写给真正相信耶稣的所有信徒。我们接着读一章第 2 节的经文：

> 愿恩惠、平安，因你们认识神和我们主耶稣，多多地加给你们。

请注意这节经文的第一个词汇是恩惠（恩典）。立刻把我们提升到自己能力所不及的层次。正如我们在本书第一章中强调过的，成为完全若不靠着神是无法做到的。彼得在此提及的，是只有透过神超自然的能力才能做到的。

你们还记得我在前一章中说过的吗？人的尽头是神恩典的起头。假使你能做，神又为什么要赐恩典呢？神刻意把许多无法靠我们自己力量去达成的任

务加给我们，好叫我们能向祂的恩典开放。否则我
们就只得将神要求我们去做的事情，降低到只能靠
自己达成的程度。后者是不诚实的做法，它破坏了
神的计划。

在这一句经文中，"恩惠"（恩典）之后紧接着
是"平安"。希伯来文的"平安"是 shalom，这个
词汇跟希伯来文的"完全"一词直接相关。还记得
我在上一章说过，完全（perfection）就包括了"完
整"（completeness）。在最后那段分析中，我说过，
除非我们得以完整，否则无法拥有真正的平安。所
以这一节经文其实是在说："愿恩惠与整全能多多加
添给你们。"基督徒的生命是一种倍增与前进的生命。
不是一种静止的状态，而是一种倍增的过程。

接着看第 2 节后半：

……因你们认识神和我们主耶稣……

万事万物都是以认识神与耶稣为核心。耶稣在约
翰福音十七章 3 节中说："认识你独一的真神，并且
认识你所差来的耶稣基督，这就是永生。"在神与耶
稣之外的任何事物，我们都不需要。我们所需要的
一切都在神和耶稣里面。这是走向完全的历程中的
第二项真理。

二、一切都已经得到供应了

下面这节经文更清楚：

神的神能已将一切关乎生命和敬虔的事赐给我
们……
（第 3 节）

请注意这里的时态。这里说的不是"将要赐给",而是"**已将……赐给我们**"。这是句令人惊叹的话,但如果你忽略了这项真理,你会就疏忽神要对你说的话。神已经赐下我们在今生与永恒所需的一切。现在请花一点时间大声说出这句话:"神**已经**赐下我们在今生与永恒所需的一切。"

如果你不断求神给你祂早已给了你的东西,那么你的方向就错了。

三、透过认识耶稣

进一步探索第 3 节的后半段,这让我们看到走向完全历程中的第三项真理:

> ……皆因我们认识那用(自己)荣耀和美德召我们的主。 (第 3 节)

在第 2 节的下半节中,讲到我们人生的各层面其实都跟认识耶稣有关系。不是认识神学,而是认识神自己。

让我想起以前在学校里学法文的时候。虽然我法文课的成绩很不错,但是当我真的去了法国,我才开始怀疑之前学的法文到底是哪种语言!老师们灌输给我们的一项重点是,法文中有两个词汇的字义都是"认识":savoir 这个词是用来讲认识一件事实,connaître 这个词则是用来讲认识一个人。请千万记住,我们在这处经文中所讲的"认识",并不是 savoir,而是 connaître。那就是要认识耶稣基督这个人。

四、供应来自应许

在前一节经文中，我们了解到神已将一切赐给我们，是因为我们认识那召我们的主。你可能会怀疑：神是如何赐下我们所需要的一切事物的呢？我不觉得有拿到啊。下一节经文把答案讲得很清楚：

> 神……已将一切……赐给我们（请注意，是已经赐给我们），……（用自己荣耀和美德）……。因此，他已将又宝贵又极大的应许赐给我们，叫我们脱离世上从情欲来的败坏。（第 4 节）

神的供应在哪里？那些供应都在神的应许当中。在走向完全的历程中，这是第四项真理，我希望你们能大声说出："神的供应在祂的应许当中。"

我们的供应来自神的应许。当我们相信且遵行（这些应许），就会发现我们拥有一切所需的供应。相信和遵行那些应许的结果是很令人惊讶的。

我仔细地查考过下面这句经文的希腊原文，因为接下来我将要运用，所以不想误解了它。（事实上，英文翻译可说是译得太过保守了点。）

> 他已将……应许赐给我们，叫我们既脱离世上从情欲来的败坏，就得与神的性情有分。

"神的性情"究竟是什么意思呢？就是指神真实的性情。透过相信与遵行神的应许，我们就可以内化神的性情。而我们能脱离世上从情欲而来的败坏的程度，则取决于我们内化神性情的程度。神的性情与败坏是完全不相容的。彼此属性相互排斥。

你是否记得雅各和哥哥以扫的故事？当雅各逃离以扫追杀时，他什么都没有，只带了一根手杖，睡觉时也只能枕石而睡。一天晚上他在开阔的旷野睡觉时，梦到了天堂。（我记得多年前一个传道人曾这么说过："只要让我能梦到天堂，我也甘愿睡在石头上！"）

在梦中，雅各看到一道天梯。天梯的底部在地上，天梯的顶端则通向天空。神的天使在梯子上面上上下下。

从某一个角度来看，神的应许就像那道天梯，每一步阶梯都是一个应许。当你把脚踩在一个应许上，你就往上多走了一步，一个应许接着一个应许又接着另一个应许，你逐渐地与神的性情有分。如果这还不够令你兴奋，那我真不知道还有什么可以了！

五、勤奋与懒惰

在前述的内容中，我们说过圣经已经提供了确切的步骤，按照这些步骤，我们就可以达成神的命令："你们要完全"。

本段经文的第 5 节，提到在整段成长历程中所需要的最关键一环。透过彼得后书一章 5-8 节这段经文，我们来逐一介绍这些基础要领。在本书下一章的前半，我们会完整地引用经文。现在先引用第 5 节的前半节：

正因这缘故，你们要分外地殷勤……

殷勤是很重要的词汇，在这一章中出现了很多次。有时候要定义一个词汇，先看它的反义词会更有帮助。勤劳的反面就是懒散（slothfulness），或者用当代英文来说，就是懒惰（laziness）。

你可以把圣经从头翻到尾，怕也找不到关于懒惰的一句好话。多数的基督徒都同意醉酒是一种罪，但是圣经对懒惰的指责比对醉酒的指责还要严厉。你可能不会同意，但我敢说有很多教会无法容忍酒鬼，但他们却可以忍受许多懒惰的人。我的重点是，在接下来我要说明的属灵生命建造的过程中，勤劳是不可或缺的成分。

信心的根基

有了殷勤这项装备，如今我们要进入增添的过程。从某一个角度来看，你可以把这个过程比拟成建造一栋建筑物。一开始要怎么做呢？要先立地基。什么才是我们建造属灵生命历程中的地基呢？是信心。

跟神建立关系没有其它的起点。希伯来书十一章6节告诉我们，人非有信，就不能得神的喜悦。其实不只是很难得到神的喜悦，而是根本就不能。因为到神面前来的人必须信有神，且信他赏赐那（殷勤）寻求他的人。

为要追求完全，没有其它的起始点，唯有信心。这就是可以在上面建造其它基石的根基。而基督徒生命的根基，唯有信靠主耶稣基督以及祂为我们所付的赎价。

第三章
第一项基础要领（基石）：卓越

在接下来这几章中，我们将详细且逐项检视先前提过的几项「基础要领」。在此之前，容我先列出彼得后书这一整段经文：

> 正因这缘故，你们要分外地殷勤；有了信心，又要加上德行；有了德行，又要加上知识；有了知识，又要加上节制；有了节制，又要加上忍耐；有了忍耐，又要加上敬虔；有了敬虔，又要加上爱弟兄的心；有了爱弟兄的心，又要加上爱众人的心。
>
> （彼得后书一：5-7）

彼得在我们的信心根基上开始加添一些步骤，我们发现他指出的第一项基础要领出现在第 5 节：

> ……有了信心，又要加上德行……（第 5 节）

几乎所有的译本都用「德行」一词，不过还是有人另外翻译成「道德上的卓越」或「良善」。我比较喜欢用**卓越**这个词汇，我想把「道德」两个字拿掉，因为我觉得卓越不是一个纯粹的宗教用词。卓越一词的希腊原文 arote 是一个用途广泛的词汇。例如：一匹马的 arote（卓越）是在于它跑得很快。这个字的意思是指，不论做什麽都做得很好。

如果你称之为**道德**上的卓越，那麽一些有懒惰倾向的人可能会以此为借口，只参与宗教性活动，例如上教堂、祷告，而不愿意在人生其它领域中培养卓越的素质，例如在工作上追求卓越。在工作表现上追求卓越，比在教会中更能显明你这个人的本相，因为在教会中看到你的人，基本上就是其它同样上教会的人。

军事训练

我刚得救不久，还在英国陆军服役时，神就把这项真理烙印在我心裡。如果我跟你说我不喜欢英国陆军，请一定要相信我。我当时心想：现在我得救了，神会让我离开才对，我应该要做更属灵的工作。

不过，神并没有让我离开，我在军中又服役了四年半。渐渐地我了解到，身为基督徒的我是否有效见证主，乃是以我在军中服役的表现来评断的。

由于不想杀人，所以志愿投效皇家陆军医疗团（RAMC）工作，成为军医院的勤务兵。在我得救前我就抱持了这样的想法。我是个哲学家，一个反抗份子，也是一个超前我那时代的嬉皮份子。即使在我的那个时代「嬉皮」根本还没有出现，但我想一般人会用类似的形容词来描述我。我完全可以了解嬉皮的心态，因为我很可能会是个嬉皮！例如：当时我有一件假皮草做成的「泰迪熊式」厚外套，颜色还是铁青色的！穿那件衣服是我用以表达抗议社会的方式。

尽管，最后我身上挂着一大堆学术头衔，成为皇家陆军医疗团的勤务兵，而那些学历没有一项帮上我的忙。然而在医疗团中，神翻转了我。因着我家族中所有男性亲戚都是英国陆军军官，所以我早已习惯跟军官们一起厮混，可是身为一名下士，我不能跟军官们一起打混。我学到一件很重要的事情，就是同样的一个人当他与你相同阶级或不同阶级时，特别是当你屈居于他的阶级之下时，往往是大不相同的。当我看到一些军官的行为举止时，让我大感震惊。我明白神也正在处理我内在的同一个问题。

最后，我从英国陆军退伍，那时退伍前会做一份评价。我不是要炫耀，但这是我见证当中颇具意义的一部分。当我退伍时，军方为我的表现打了分数，称我为「楷模」（exemplary）。服役期间，我从未隐瞒自己是基督徒的事实，我对上级军官与其它人传讲主耶稣，我为神而活，最后军队颁给了我最高的荣誉，也就是「卓越」。

这并非是以属灵或学术成就而衡量的卓越，而是以投身谦卑及凡俗的工作来衡量，例如倒掉便盆里的秽物以及替人量体温。事实上，当他们发现我在得救后就不再吸烟或喝酒时，他们就把我放在最显眼的职务上。我被放到贩卖部去掌管事务，因为我是唯一一个可以被信任不会偷东西的人！所以我在贩卖部待了很长一段时间。

香烟、啤酒和巧克力

除了刚刚分享的个人见证之外，我也想在此分享一件有趣的个人经历。我曾经历英国陆军史上时间最长的一段撤退期，我们那一师被驻扎在北非，要从一个称为艾尔阿盍拉（El Agheila）的地方撤到艾尔阿拉面（El Alamein）。当时我坐在卡车上，理论上我是八名担架手的班长，而这一班在单位裡是出了名的，被称作「王子的先锋」。我们把贩卖部搬到卡车上，裡面有啤酒、香烟、巧克力，还有很多其它东西，而多数时候我们都处在飢饿状态，因为没有按时领到口粮。

那时候，我们撤退的速度太快，一不小心竟撤退到本国埋设的地雷区。当时没有足够的时间找专家来清除所有的地雷，不过，那只是用来轰炸敌军军车的地雷区，所以以人的重量走过去应当不会有事，但却表示我们的卡车必须清空才能安全经过。但一想到要把啤酒、香烟和巧克力留给追上来的敌人享用，就很挣扎，我怎麼样就是下不了手，因为卡车是我的责任，于是乎就在地雷区裡面，我三更半夜就把整台车上贩卖部的物品都卖光光。但是因为没有人身上有钱，所以所有的东西都是赊账卖掉的。之后，我经常感到后悔，因为要从那些人身上追回账款根本是难如登天！但我还是成功做到了，而且我把赊账存根留在身上很多年，以兹证明。

而那件事的处理结果，后来被视为模范行为。其实我只是想借此建议大家，有时候需要检视自己是如何在非宗教（non-religious）场合处理事情，因为那确实事关重大。

在一切事上要追求卓越

我写的很多书籍都是透过基督教书房贩售。经过一段时间，我们逐渐了解，「耶稣书房」（Jesus bookstore）结账的能力最差。这你们都知道吗？

有一次我们事工机构着手安排购买打包用的纸箱，事工主任好不容易找到一间合适的商家，但是该主任用充满歉意的眼神看着我，然后说：「……但对方不是基督徒耶。」我回答说：「感谢神！」很不幸地这就是既存的事实，只因为有许多基督徒不明白什麽叫做「卓越」。

还有一段时间，我担任非洲教师训练学院的校长。我个人的最终目标就是要带领他们归主，感谢神有好几年每个毕业生都得救了，且领受了圣灵的洗。而且有一年，我们在另一个地区也得到了那种「卓越」的认同。我们在肯亚的整个教育体系上破了一项纪录，因为我们训练出来的学生全数通过每一个科目的考试。

我很珍惜该国教育部门的代表寄来的那封信函，他们以这项独特的成就对我们致谢。因为我们是五旬节派的基督徒，没有人相信我们可以做到这样。讲到卓越，他们期待我们只会敬陪末座，但是我们觉得那对主是一种羞辱。

那么你呢？

立下根基的第一块基石应该是卓越。请你透过自己的职业来思想一下这件事。你靠什麽谋生？你是一位教师吗？那麽你应该成为一位卓越的教师。我的学生接受主并且得救，但是后来他们的态度变成：「好吧，现在我们变成基督徒了，你不会再对我们那麽严格了吧。」我回答他们说：「你们完全错了。现在你得救了，我更会严格要求你们。」如果你在做基督徒前就是一位老师，那麼当你成为基督徒之后，应该成为更好的老师，因为此时你可以祷告寻求神的帮助与智慧。如果你是一位护士，那麼你就应当是个卓越的护士。你是一位巴士司机吗？那麼你应当成为一个卓越的司机。你是一个商店助手吗？你应当成为一个卓越的商店助手。

这是你生命成长历程中的第一步，但我想这件事情早就不存在任何人的脑中。让我们一起再读一次彼得后书第一章 5 节：

> 正因这缘故，你们要分外地殷勤；有了信心，又要加上德行（卓越）……

在很多情况下，若没有信心你就无法达成卓越。信心能开启卓越之道。雅各书中有一句话我很喜欢。雅各向信徒指出，光是用嘴巴说自己是个信徒没有太大用处，你得透过生活展现出来。雅各说：

> 必有人说：「你有信心，我有行为。」你将你没有行为的信心指给我看，我便借着我的行为，将我的信心指给你看。　（雅各书二：18）

换句话说，雅各说的是：「我会用自己的行为让你看见我的信心。」这对你来说很具挑战性吗？难道我们不能这麼说吗？「我要透过自己的行为让你看到我的信仰。请观看我的人生，那麼你将看到信心能成就什麼！」

这是一项巨大的挑战，你很可能不觉得自己现在可以这麼说。我们何不利用这个机会请求神帮助我们呢？

在这章的结尾，请跟我一起做这样的祷告：

亲爱的天父，

你深知道我的景况。主啊，我需要你的帮助！借着你的恩典与力量，请让我在工作、家人间的互动以及其它各方面，能学会卓越这个基础要领。在这件事情上，我还有待加强，我祈求你帮助我可以达到终点。奉耶稣名祷告，阿们。

第四章
第二项基础要领（基石）：知识

追求完全的历程中，在卓越之后的下一项基础要领是什么呢？答案请看彼得后书一章 5 节中的这个词汇。请一起读这节经文：

> 正因这缘故，你们要分外地殷勤；有了信心，又要加上德行（卓越）；有了德行（卓越），又要加上知识……

第二项基石就是知识。什么种类的知识呢？本质上圣经绝不是指科学上的知识，而是对神的话语及神旨意的知识。

给每个信徒的优先事项

当你成了信徒，有两个事项是你需要立刻关注的。第一个是卓越，你要开始把人生打理好、要有效率、要准时。如果老板付你薪水一天要工作八小时，但你却只工作了七小时五十五分，要知道你是偷窃了五分钟。这真的是一种偷窃。我猜想，现在很多雇员都是"小偷"。身为一个基督徒，你得作见证，也就是说你承担不起沦为一名小偷的代价。

先是集中探讨卓越，紧接着就是获得知识，亦即对神的话语与神旨意的知识获取。神的话语会显明神的旨意。当时的使徒面对的最大挑战在于要持续抵挡无知，而他们所面对的是一场持久的战役。

我是直到几年前去了巴基斯坦牧会，才知道这场与无知愚昧交战的战役之重要性。那时候当地有大约80% 的妇女是文盲，男人则有超过 50% 的文盲。一个跟我一起巡回的传道人，提早告知说要传讲以色列人出埃及的道，我对他说："在你讲这段之前，要先对会众解释以色列人原本是一直住在埃及的，因为他们对这段历史根本一无所知。"在那段牧会期间，每次我站在会众面前讲道，就感觉得到一堵很厚的黑暗之墙，那就叫做"无知"。我从来没见过无知的负面力量如此之大，我在巴基斯坦看到的这股负面力量则更为强大。

迂回的策略

这可能会让你受到惊吓，却是个事实，据我观察，无知正以令人恐惧的速度在每个文化中进行肆虐。就以我们自己的文化打比方吧，即便美国人也不知道美国历史上一些重要的日期，甚至连美国南北战争的日期都不知道。知识在当代文化中所占地位真的极其微小。的确是有一些超级聪明的人，如"天才儿童"、电脑设计者，但是基本上多数人都是能力不足的。现在一栋大楼要盖得坚固，或者要能找到值得信赖的工人，比起五十年前更为困难了。

　　在待过巴基斯坦后，我明白这是撒旦的策略。撒旦正刻意地用无知掳获所有的人，好让他们可以迎接敌基督。这全球性的无知将为敌基督预备道路。

今日教会中的无知

我们一起快速地浏览一下使徒们在初代教会所要对抗的无知。我想你们会发现，多数的情况在今日仍然没有改变。

在罗马书十一章 25-26 节中，我们发现第一种无知：

> 弟兄们，我不愿意你们不知道这奥秘（恐怕你们自以为聪明），就是以色列人有几分是硬心的（盲目的），等到外邦人的数目添满了……

今天教会多数人仍都处于无知状态，不了解神之所以容许盲目或者硬心的态度进入以色列人当中，是为了等到外邦人的数目添满了，接下来所有的以色列人就都会得救。现今教会中充满很多的疑惑，因为不清楚这个奥秘。

接着在哥林多前书十章 1-11 节，保罗对哥林多信徒提及了另一方面的无知，他鼓励他们要记得在旧约中发生在以色列人身上的一切，因为那都是一种模式、征兆或是范例，为要提醒鉴戒我们。在 1-4 节中，他说：

> ……我们的祖宗从前都在云下，都从海中经过，都在云里、海里受洗归了摩西；并且都吃了一样的灵食，也都喝了一样的灵水。

在这段经文中，保罗列出了发生在以色列先祖身上的五种超自然的属灵经历。接着他说："但他们中间多半是神不喜欢的人。"（第 5 节）这是我们需要知道的事情！那就是我们即便是受过圣灵的洗，也领过水洗礼、会讲方言，但是神却可能并不喜悦我们。

一个严肃的警告

在接下来第 6-10 节这五节经文当中，保罗列出了以色列人一堆的问题，每一样在今天的教会都仍存在。他们不应该贪恋恶事，也不该犯奸淫；他们不该试探基督；他们不该发怨言。

有多少基督徒知道抱怨是个罪呢？对以色列人来说，抱怨与"试探基督"的后果是很严重的。他们的抱怨遭致一群火蛇跑出来咬他们，也因为抱怨，他们让自己面临毁灭。

抱怨的反面是什么？是赞美。如果你一直都在赞美，你就不会抱怨；如果你正在抱怨，你就不可能赞美。你得下定决心，要选择哪一种为你主要的活动。

接着我们在读到第 11 节这么说：

他们遭遇这些事都要作为鉴戒（或是模式），并且写在经上，正是警戒我们这末世的人。

（哥林多前书十：11）

在旧约中以色列人的所有经验都是为了警戒我们而写的，为了警告我们不要犯同样的错误。如果我们不知道他们的遭遇，怎么能被提醒呢？

尚有更多的无知

在哥林多前书十二章 1 节中，保罗让我们注意到教会中存有第三种无知：

弟兄们，论到属灵的恩赐，我不愿意你们不明

白……

关于属灵恩赐，教会已经蒙了一些光照，但还是有很多部分被蒙蔽。当我想到自己已进入牧会生涯后，生活上还存在多少的无知，就觉得尴尬不已。就算你把一只魔鬼摆在盘子上给我们上菜，我们可能都认不出它来，或者也不知道如何去对付它！

保罗在帖撒罗尼迦前书四章 13 节提到了另一种无知：

> 论到睡了的人（在信仰中死去的人），我们不愿意弟兄们不知道，恐怕你们忧伤，像那些没有指望的人一样。

我们需要知道基督徒死后的光景。在基督里死了的人最后的命运是什么？知道这件事情是非常重要的。

我们必须了解的第五个例子，也是最后一个例子，请看彼得后书三章 8 节。请注意彼得是在跟所有的使徒讲话，不只是针对其中哪一位。

> 亲爱的弟兄啊，有一件事你们不可忘记，就是主看一日如千年，千年如一日。

我们必须了解神怎么衡量时间。一千年对神来说就像一日。那么根据我们的标准，耶稣受死且复活之后那已经流逝的两千年，又有何意义？对神来说，这不过是两天的时间。

今日还有很多地方，神的子民仍然处于无知的领域，因为他们在这些方面缺乏神话语的知识。我想要对你们说，特别是如果你们感到神呼召你们传道，你就该把教导当作目标，要教导圣经真理中那些伟大的核心真理，这是每个基督徒都该知道的。要在你牧养的人以及接触过的人的生命中，奠定一个稳固的基础。

第五章
第三项基础要领（基石）：节制

在这一章中我们要继续检视马太福音五章 48 节中耶稣的话语："所以，你们要完全，像你们的天父完全一样。"然而，在我们继续进行之前，先暂停一下，重新审视我们已经学习到的要点。

重述学习到的要点

在前几章中我们看到神预备了一个计划或说一段历程，透过这段历程，我们可以从对耶稣信心的起点，进入圣经所说的完全。彼得后书一章 1-7 节正是整个"进入完全"的经文出处。彼得在这里说一切都始于神的恩典（第 2 节）。如果我们改由其它任何的出发点开始追求，肯定都会充满绝望与失败，如果我们倚靠自己的聪明、能力或公义，都远远无法得到神完美的标准，所以重要的是，这些教导是以这个关键字起始：恩典。

彼得接着提到倍增的人生。他向我们指出神的大能赏赐给我们一生中持守敬虔所需要的一切。神的供应就在应许中，这很重要，所以我要请大家再一起大声说一次：**神的供应就在他的应许中。**

当我们运用这些应许、相信且遵行时，我们逐渐地就会拥有属天的性情，同步地得以脱离世界情欲带来的败坏。

接着在第 5 节中，彼得开始谈及加添"基础要领

（基石）"的过程，一步一步地强化我们信心的根基。请谨记在基督徒生活中唯一的起始点就是信心。信心是一个较大范围的基础，以此为根基我们可以建造所有接续的楼层或者故事。在基础的信心大石板上堆叠基石是一种历程，透过这段历程，我们里面会产生出一种"完全"的生命。

到目前为止，我们已经讨论过属灵生命建造历程中的前两项。先简短地总结这前两项的讨论，或称之为"基础要领（基石）"，就记载在彼得后书一章5节："有了信心，又要加上德行。"你们应该还记得，我以**卓越**（excellence）一词取代了**德行**（virtue），因为我刻意不想听起来宗教化或像道德说教。我个人相信神期待每一位真实的信徒都能活出卓越，不论他的职业是多么的卑微。

这让我想到几年前，一位德国朋友在牧会时发生的事情。他带领一个年轻人信主，那位年轻人有严重毒瘾，心智已不能正常运作，但这年轻人对耶稣有着真诚的信仰。我的牧者朋友把他带回家，让他看见基督徒的生命素质与纪律。过了一阵子，年轻人找到一份工作，这间公司雇用他做很卑微的工作，就是负责清空置纸篓，及其它卑微的工作。那位牧师对年轻人说："我只想告诉你两件事情。首先，要信靠耶稣，求他帮助。其次，要忠心。"所以他很忠心地工作。过了一阵子他们给了他好一点的工作。他始终忠心地做事情，并持续祷告，然后他升到一个需要担负适度责任的职位。

在德国，多数的人都认为自己需要取得一些教育文凭，所以后来这年轻人决定要去念书。他去找老板解释自己离职的原因，并感谢过去给予的帮助。但是当他告诉老板离职计划时，老板却对他说："你不能走，你是我这间公司里面唯一可以信任的人。留下来吧，我会训练你接手我的工作。"

这是一则真实的故事。所以，关键是在忠心。所罗门说过："**忠信人谁能遇着呢？**"（箴言二十：6）所罗门是一个庞大帝国的统治者，他手下有整个以色列的最上选人才任凭他差遣，但即便是所罗门王要找到可以信任的人都不容易。如果你缺乏技能，但至少要值得信任、忠心。耶稣说："**人在最小的事上忠心，在大事上也忠心；在最小的事上不义，在大事上也不义。**"（路加福音十六：10）

我遇过许多人的态度是"我要我应得的"，他们会说："这个工作太琐碎了。这工作不值得我关注。给我一个更重要的工作，我就会让你看到我可以做什么！"

对我来说，我永远不会给那种人如此重要的工作，因为这跟圣经的原则恰恰相反。耶稣说："先试试看他能否承担最小的责任，在小事情上忠心的人，你就可以托付他承担更大的事情。"于是我们明白卓越是每个人都可以办得到的，只要你诚心相信，也愿意谦卑。

请再看一次彼得后书一章5节的经文说："**有了德行（卓越），又要（加上）知识。**"卓越之后的下一个基础要领就是知识。我说过我们需要的不是科学的知识，当然科学的知识很有用也很有帮助。但要成为一个有效又成功的基督徒，主要是借着充实对神的话语与旨意的知识。

接着我们看到使徒们列出了几项当时他们持续对抗无知的例子，却是今日教会仍然存在的问题。我则提到五个不同的无知领域。

首先，每个基督徒都需要了解神对以色列国计划的奥秘。每个基督徒都需要知道我们不是全然独立于以色列之外。神的计划要达到高峰，必须等到外邦人的数目添满了，以色列全家才要得救。（罗马书十一：25-26）

其次，教会应该记取以色列人出埃及到进迦南地路途中的经验，不要对那些不同的警告视若无睹。请记得，一整个世代的以色列人都因为不信而在旷野灭亡。保罗很清楚说明，这是对我们的警告。

接着保罗又指出教会中另外两种无知：就是对属灵恩赐的无知，以及不清楚神对死去信徒的计划。那些人的最终结局是什么呢？许多基督徒认为天堂就是目标，其实并不是。天堂只是一个蒙福且美好的阶段，最终的目标是复活。保罗说过："**或者我也得以从死里复活（不是进天堂）。**"（腓立比书三：11）我再说一次，许多基督徒缺乏了解的乃是这部分。

最后，我们要讨论最后一个部分的无知，与神对时间的度量有关："**亲爱的弟兄啊，有一件事你们不可忘记，就是主看一日如千年，千年如一日。**"（彼得后书三：8）时间的意义对神与对我们截然不同，我们必须知道这个真理，因为很重要。

操练我们的意志力

接着我们就已预备好，可以进入这段历程的下几个阶段了。一起来检视第三项基础要领（基石），彼得后书一章 6 节说：

有了知识，又要加上节制……。

我发现有些领受过圣灵洗的信徒的态度是，反正圣灵会掌管一切，为我们预备一切。然而，节制只是圣灵九个果子中的一个，而且还需要加以培养，所以圣灵并不会帮你做好一切事情。他将节制分赐给我们，接着我们就要自我节制。如果我们想要操练自我的意志，并做出必要的决定，圣灵会给我们能力，让我们有能力做决定，但是他**不会**帮我们做决定。

新约通常使用不同的图像来描述节制的重要。我们需要节制的理由之一是，节制跟忍耐密不可分。节制和忍耐这两项基础要领（基石），却也有可能形成"瓶颈障碍"（bottleneck）。如果你无法突破这个瓶颈，那么就会无法继续进步。且你无法前后颠倒这两者的顺序，务必照着圣经的顺序前进。

有了知识还要加上节制。在你了解自己应该做的是什么之后，那很好，但这跟有能力去做又是不一样的。有能力去做并且能有效地去做，有赖于能够节制。

保罗以运动员的图像来描绘节制，真是栩栩如生。在教导这个主题时，我总是深感谦卑，我总不断地问自己："我到底进步了多少？"

请看看保罗在哥林多前书九章 24 节说了什么："岂不知……？"请再注意，这是有关无知的另一项挑战：

岂不知在场上赛跑的都跑，但得奖赏的只有一人？你们也当这样跑，好叫你们得着奖赏。

请注意我们并非跟其它基督徒竞争。我们是与抵挡我们、使我们无法得到奖赏的势力竞争。保罗继续说道：

"凡较力争胜的，诸事都有节制。"（第 25 节）

自我克制（temperate）是"节制"的另一种说法。保罗想到的是古代的奥林匹亚竞赛，那是今日奥运的雏形。古时奥林匹亚竞赛所讲究的节制，在今日的奥运竞赛也一样重视。讲到对节制的需要，保罗提供了一个极生动的例子。

让我们继续读下去，接着就可以明白该如何应用在生活中：

他们不过是要得能坏的冠冕，我们却是要得不能坏的冠冕。（第 25 节）

古代奥林匹亚竞赛的"金牌"是一顶桂冠，会放在赢家的额头上。当然，这桂冠过一阵子就凋萎了，但这仍是极度荣耀的象征。保罗继续清楚说明，这些奥林匹亚运动员所奋力争取的最后都会朽坏。但是保罗又接着说，然而我们所努力追求的是"那不会朽坏的冠冕"。在我们眼前有个能得到的冠冕，就是永恒的金牌。

在第 26 节，保罗把这项真理应用到自己的人生中，他说："所以，我奔跑不像无定向的。"换句话说，保罗说的是："我知道我奔跑的方向，我不会偏左或偏右。我会朝着终点线奔跑。"

我经常说，如果你没有目标，就一定会毫无定向。基督徒生活最惨重的悲剧之一，就是毫无目标。每个信徒都应该有目标；每个信徒都应该胸有成竹。不要变成一个恪守宗教仪式的信徒，每周日去教会崇拜，每周三参加查经或是哪天晚上参加家庭小组。这些活动都很好，但是长期来看，你的灵性仍会枯萎，除非你眼前有个目标。

拳打空气

保罗继续把运动员的比喻应用在自己身上，请看第26节：

> 我斗拳不像打空气的……

保罗所描述的图像是一个拳击手鲁莽狂乱地击拳，却不知道该打哪个目标。我们很多人在祷告生活当中也是如此，我们明知我们正在挥拳打击，可是却不清楚知道那是什么。多年来我学习到，我们的祷告要有效，唯有当我们清楚自己面对的目标是什么。所以我们需要圣灵在我们身上动工。诸如智慧的话语、知识的话语、分辨诸灵的恩赐，这些都能让我们知道自己所面对的是什么。

一九五〇年代当我在英国伦敦湾仔水地区（Bayswater area）牧会时，我们多数的会众都是来自街头布道会的民众。他们不会是令人敬重的有地位人士，甚至有许多人挣扎煎熬、饱受邪灵折磨，但我那时完全不知道如何处理邪灵的问题。有时候我们遵循着过去古老的方式一直大叫，希望邪灵会自动离开，但邪灵又没有聋！根本没有必要对牠们大吼。

然而，你的确需要知道自己所面对的是什么。

记得有一次我们成功地把鬼赶出去，但不是靠我们的聪明，而是靠神的恩典。我第一任的妻子莉迪亚和我帮助了两名俄罗斯籍的犹太人逃离苏联，途经以色列来到英国。那一晚他们原本打算自杀，却因着与耶稣戏剧性的相遇而成为基督徒（限于本书篇幅，那段故事就暂省略）总之，他们定时与我们见面，聚在我们家一起祷告。有一天下午，还在聚会时，他们对我们说："我们是浸信会信徒，但在俄罗斯的浸信会信徒比英国的五旬节派信徒还要吵。"当他们祷告时，完全不担心会吵到邻居，就是尽管放声祷告。

我们正在祷告的时候，就听到楼下入口处电铃声响起。我去应门，是我一个姐妹会友用拖车把她的先生带了过来。她说："这是我的先生。他刚从监狱出来，他身上有鬼。"（说实在的，我连她有个先生都不清楚。）

她这番宣告对我来说真不是个好消息。我心想："我要怎么帮助这个男人呢？"不过我还是让她上楼来，我们继续祷告，因为我们不知道该做什么。

当这群俄罗斯妇女大声祷告了二十分钟后，这个被用拖车带来的男人竟侧身起来对我说："我要走了，这里太吵了。"神赏赐了一个超神奇的答案，我把荣耀都归给祂，因他供应了我话语。我对这男人说："听着，不喜欢噪音的是魔鬼，因为我们正在赞美耶稣。你有两个选择，如果你现在离开，魔鬼会跟着你一起走，如果你留下来，那么魔鬼会自行离开。"于是我们又继续祷告。大约十分钟后，这男人走到我面前，说："它刚走了，我感觉到它离开了我的喉咙。"

然而，通常在许多次类似的状况中，我们却浪费了许多时间在"打空气"，因为我们不知道自己在对抗什么，或者该如何对抗它。偶尔我们会成功，但我们成功的次数却远远比不上失败。保罗说当我们争战时，必须知道在跟谁争战。要有特定对象，要认出它来，并知道如何处置。

在这一段我们要检视的是节制。保罗在哥林多前书九章用下列这些话语来谈论节制这个主题：

我是攻克己身，叫身服我，恐怕我传福音给别人，自己反被弃绝了。　　　　　　　（第 27 节）

异象是很重要的

保罗让我们看到一个想要得金牌的运动员的图像，这也是他的雄心与异象。为了赢得金牌，他把自己放在最严格的纪律当中。他为什么要顺服在纪律之下？因为他有一个目标。他有异象，他看到自己可以奔跑得更快，跳得更高，或是把标枪掷得比别人更远。

在箴言廿九章 18 节，作者说：

"没有异象，民就放肆。"（英王钦定本"民就放肆"在新英王钦定本译为"失去控制"。）

异象使我们可以规范自己。你是否曾试着要瘦身呢？成功过吗？如果没有成功，问题可能是你对自己要瘦多少没有清楚的异象。如果你可以看见自己变苗条的样子，肌肉线条优美，皮肤闪现健康的光泽，这种图像就够清楚，会使你能够做出必要的牺牲。但是如果你对自己的未来只有模糊的想象，就无法激励你做出必要的牺牲。

多年来，我有一位姐妹好友，我认为她是二十世纪以来最成功的芭蕾舞者。她十六岁时我就认识她，一直关注她的事业发展。我对她的成功一点都不惊讶，因为我知道她的动力何在。她人生中所有的事物都是为了辅助跳舞。她看的书、吃的食物、做的运动，全都是为了在舞蹈上能有卓越表现。而且她也达到了这个目标。

我们刚认识没多久时，我只是一个毫无目标的学生。但在我成为基督徒后，我常思考她所展现出的纪律。我想：**如果基督徒可以像她一样地被有效激励，如果他们像她一样有个放在前方的异象可追求，那么他们就不会漂移不定，更不会随波逐流，受到社会潮流的影响了。**

只要你查考神的话语，真正地专注阅读神的话语，你就会得着异象。圣经说当我们读神的话语，看到神的荣耀，我们就会被改变成同样的形像，荣上加荣。但在今天的世界，我们耗费太多时间在电视机前面，花太少时间打开圣经。我们所见的周遭影像，有太多根本不会激励我们走正确的方向。这需要改变。

要做基督徒却不做牺牲是不可能的。我们可能必须牺牲一些日常行事风格，改变运用时间的方式，因这些会对我们产生不利的影响，使我们错失更像耶稣的异象与目标。

抵挡"开门者"

当我们谈到节制，大家多半会想到肉体的欲望。我要说我们多数人确实在这方面都有问题。悲惨的是在西方世界中，许多人试着减肥，或者至少避免增加体重，而在世界上其它地区，却有更多人没有足够的食物可以吃。这是个悲剧。

除了食欲之外，我们还需要在很多其它层面有所控制。想想我们的情绪，我们不可随意沉溺于愤怒、仇恨、苦毒、自怜或者沮丧。我们不能服在它们的控制之下，这些比肉体的口欲更致命。万万不要受制于情绪化，我相信情绪化的人应当是有问题的。他们在灵里是失去平衡的。

在湾仔水事件之后（就是我们在大声祷告后，释放了那位男士的服事），神带领我将释放事工列入了日常服事，我面对很多被鬼附、需要得释放的人。我学到一个很有趣的真理是，有些鬼魔是"开门者"，它们会进到人里面帮忙开门，好让更多鬼进去。其中两种最重要的开门者就是仇恨与自怜。千万不要臣服于这些鬼。你可以下定决心，使用你的意志开始赞美神，而不是自哀自怜。你需要开始引用神的应许。

就像其它人一样，我也慢慢发展出一套内在思想的习惯。我的意思是，我有一些思考的模式，是还没得救前就存在了的，时不时还是会浮现脑海。但我发现了一种训练方法，在此跟大家分享，因为这可能对你们有些帮助，而这方法是奠基于哥林多后书五章 17-18 节：

若有人在基督里，他就是新造的人，旧事已过，
都变成新的了。一切都是出于神。

每一次这些漫无目的、负面或者无济于事（毫无
教化意味）的模式又浮现时，我会停下来说："我是
在基督里的。因此，我是新造的人，旧事已过，都
变成新的了。所有的都是出于神。"我已经操练到当
撒旦企图诱惑我，却根本难以得逞，因为每一次它
试探我，我就更深入神的话语。但是如果我容许它
玩弄我的心智，那么它就会继续使用同一种伎俩。

节制是我们都需要谨慎注意的一种纪律。就我自
身而言，我接受的五旬节教义是："我已经得救、受洗、
领受圣灵的洗、说方言，我没有其它问题了！"但
这并不真确。这是我真实的体验，因为在我身上行
不通，在我牧会的五旬节派信徒身上也行不通。相
信我，他们的问题并没有随着他们开始讲方言而结
束。

不只是五旬节派信徒，我们所有人都需要让自己
有纪律，不要让自己臣服于情绪、态度和欲望之下。
如果你有异象，你就可以做得到。但失去异象，你
就会失掉克制，然后忽略你对纪律和节制的需要。

节制这项基石也将伴随着挣扎。路得师母跟我都
已经准备好要见证我俩在节制这方面的一些挣扎。我
们绝对还不完美。你可以预期在这成为完全的历程中
一定会有挣扎，但我们的目标是往上走，而不是向下
走。

最后，让我们一起向主宣告：

主啊，

　　我发现节制是我需要认真面对的课题。借着你话语的启示，我将其作为自己前面的异象与目标。借着你的恩典与帮助，在节制上我会努力向前，一步步朝着你订定的目标前进。

第六章
第四项基础要领（基石）：忍耐

在彼得所列出的经文中，忍耐这一项基础要领（基石），跟前面的节制是密切相关的。

有了节制，又要加上忍耐（耐心或是耐力）……
（第 6 节）

之前我说过，没有节制就永远无法忍耐。因为每当有试验临到，你就会臣服。这就是为什么我会把这两项基础要领「节制与忍耐」一起称为「瓶颈障碍」。除非你可以顺利通过这个瓶颈，否则就无法前进到接下来的三个阶段。

我与内人路得的人生中，曾经经历一段约莫两年之久的艰难日子。我告诉路得：「这不是一场战役，而是争战。」在那段时间，我们静下来扪心自问：「神对我们人生的目的是什么？」我们夫妻得到一个结论，在路得的人生中，神要她学习忍耐（endurance），而在我的人生中，神则要我有耐心（patience）。

身为一个主动、意志坚强的人，我不太能容许别人软弱。我一辈子都是勇往直前地向前冲，这部分我一点都不后悔。我很欣慰自己这么做了，但是却不能忽略那些软弱的人。

路得的身体不好，但在很多方面她非常坚强。然而神透过我们生命的经历在我们身上动工。我们得到的结论是：要学习忍耐只有一种方法，那就是要忍耐。

请不要想象自己可以用其它方式学会忍耐。如果你问：「主啊，我为什么要经历这些？」他会说：「因为我正在教导你忍耐。」你会受试探问他说：「神啊，难道没有别的方法吗？」但是你会听到他回答：「没有其它的方法。这是唯一的方法。」

所以，如果你现在正经历某种类似的挣扎，请不要灰心。神仍然坐在宝座上，他正在你心中动工。请记得，神有永恒的观点。我得到一个结论：神不会牺牲永恒中任何一个最微小的片段，去交换永恒，他总是以永恒的观点行事。

忍耐需要时间

我曾认识一名很成功又年轻的美国企业领袖。他喜获麟儿后不久，我正好去他家拜访。我为这个小孩祷告，把他献给神。孩子长大后，很明显地有斗鸡眼的问题。眼科专家说那个症状无药可医，因此束手无策。看来孩子一辈子都得戴着矫正眼镜。

但是主赐给他们一段经文，诗篇八十四篇 7 节：「他们行走，力上加力，各人到锡安朝见神。」主不是说在软弱上加上软弱，而是力上加力。持续了七年之久，他们持续支取神说力上加力的应许，结果这个男孩现在完全得着医治，不过足足花了七年的时间。

持续地与神连结

如果你去参加医治特会，有人为你祷告，却没有看到任何效果，你大可以说：「我没有得到医治。」但或许你已经开始得医治了，或许为了得到医治，你得先学习忍耐。要忍耐多久呢？只有神知道。不是所有的医治都是立即见效的，很多医治是循序渐进的。但是如果你无法忍耐，你就可能会失去，或者得不到即将来临的医治。

我个人相信，根据圣经，每个接受过长老凭信心按手与恩膏的人都已经开始得医治。这是神的话语说的，但是有很多人没有得着最后或者永久的医治，是因为他们未能忍耐。

当我为人祷告，我就看到神触摸了他们的身体，我会说：「现在神的大能已经在你身上动工。只要持续把插头插在『电源』（power outlet）上面，你就可以得医治。」当他们问我要如何继续插电，我说：「就是感谢神。继续感谢他，感谢他，感谢他。」

一九七七年我第一次遇到路得时，她那时为椎间盘突出的疾病所苦。因着怜悯，我去为她祷告，那时我压根不知道后来会跟她成为夫妻！那一年六月我为她祷告，我知道神触摸了她。所以我说：「神已经触摸了你，继续『插着电』喔！」后来她成了我善用的一个范例。她持续「插着电」一直到十一月，每一天就是感谢神医治的大能在她身上运行！几个月之后，在十一月的一场特会中，她马上得到医治并且未曾再复发。但她之后仍旧「插着电」插了大约五个月。有很多人是把插头拔掉，然后说：「我没得到医治。」当你说：「我没有得到医治」，其实就是把插头拔掉了，也就是把神的能力切断了。

在盼望中向前行进

节制和忍耐（或是耐性）是一种瓶颈。除非你可以先通过这两者的考验，否则是不可能往前行进的。或许我们应该简短地看看几处经文来鼓励自己，先从希伯来书六章 11 节开始：

> 我们愿你们各人都显出这样的殷勤，使你们有满足的指望，一直到底。并且不懈怠（在我的圣经空白处，我写的是『懒惰』），总要效法那些凭信心和忍耐承受应许的人。（希伯来书六：11-12）

请注意「殷勤」这个词汇，还有「一直到底」这个用词。换句话说，就是不要做到一半就停了。再说一次，光是有信心是不够的，你需要的是信心和忍耐。

> **当初神应许亚伯拉罕的时候，因为没有比自己更大可以指着起誓的，就指着自己起誓，说：「论福，我必赐大福给你；论子孙，我必叫你的子孙多起来。」这样，亚伯拉罕既恒久忍耐，就得了所应许的。　　（希伯来书六：13-15）**

亚伯拉罕等了多少时间？等了二十五年！想想，他一定有无数次受试探而怀疑或想：「一定不会成功的。」神让他等到九十九岁才生了应许的儿子。这就是忍耐！请记得，亚伯拉罕是信心之父。只要我们走在先祖亚伯拉罕的信心步伐当中，我们就都是亚伯拉罕的后人。他当时采取的步骤为何？就是信心与忍耐。

希伯来书中有很多处讲到忍耐的原则，我们一起来看希伯来书十章 36 节：

你们必须忍耐，使你们行完了神的旨意，就可以得着所应许的……

遵行神的旨意跟领受应许之间是有差距的。在这段差距期间你可以做两件事情。你可以选择继续与神之间「插着电」，或者把插头拔掉。如果你把插头拔掉，就什么都得不到。但如果你继续插着电，就可以得到一切。神在试验你什么？就是试验你的坚忍。

接着在希伯来书十二章 1 节说：

我们既有这许多的见证人，如同云彩围着我们，就当放下各样的重担，脱去容易缠累我们的罪，存心忍耐，奔那摆在我们前头的路程。

基督徒的生活不是一蹴而就，也不是两三下就可以完工的。你可以说这是一场马拉松，许多人一开始起步很快，但是却从未达到终点线。我想，最大的需要是建立忍耐的基础。

让我们用下列简单的宣告，结束本章：

主啊，
我不会放弃。借着你的帮助，我会把"插头"继续插在你大能的"插座"上，我也会继续努力。奉耶稣名祷告，阿们。

第七章
第五项基础要领（基石）：敬虔

回到彼得后书一章 6 节，我们要继续看在追求完全之过程中的下一项基础要领：

有了忍耐，又要加上敬虔……

敬虔是一种"同在"（Presence）。

现在还有多少人听过**敬虔**这个词汇？它几乎可说是从一般人的词汇库中完全消失了吧。原因之一是，在今日世界这个特质已难见到。当你跟一个流露出敬虔特质的人在一起，这人必然会让你想到神。这就是我个人对敬虔的定义，神与这样的人同在。

这让我想到我还在英国陆军服役时发生的一件小事。我绝非想把自己当作敬虔的典范，只是使用这事件来具体说明。在我得救之后，有四年半的时间我在军中服役。从任何角度来看，军队都不是基督徒最难处的地方，当然也不是最容易的地方。然而，在那段期间，我从未丢弃我的见证，在信靠耶稣基督的信仰上也从未有所妥协。

在我从驻防耶路撒冷的部队退役前不久，我在橄榄山（the Mount of Olives）负责军医院的柜台部门。如果你去过耶路撒冷，就知道现在的信义医院前身曾是英国第十六号总医院（Number 16 British General Hospital）。我当时是个下士，有一个年轻上等兵在我辖内部队。一起服役期间，我从来没跟他谈过关于主耶稣或者福音的事情。

有一天，有三、四个人在医院柜台的办公室聊天，其中一人习惯性地用了一个脏话发誓。但他马上看了看我，脸都红了，他说："对不起，叶下士，我不知道你也在场。"我跟他完全没聊过关于上帝的事，之前之后都没有。但是我的在场却提醒他，神拥有某种标准。我想，神期待的敬虔大概就是这个意思。

在提摩太前书四章 7-8 节中，保罗如此教训提摩太：

> 只是要弃绝那世俗的言语和老妇荒渺的话，在敬虔上操练自己。操练身体，益处还少（只有在世上有用处）；惟独敬虔，凡事都有益处，因有今生和来生的应许。

操练敬虔

我要强调，在上述经文中，保罗对提摩太指出敬虔需要操练，他说："在敬虔上操练自己。"我想每个人对操练都有各自的想法。你或许会在一早起床就开始运动操练（有些人是什么也不做的。我要告诉各位，到了一定的年纪，运动量不足就会影响身体健康！我的年岁教导我，如果忽略身体，迟早会发出警讯）。

我的意思是，敬虔是要去操练才能得着的。透过操练就可以强化敬虔的肌肉。有一些敬虔的姿态是非得要透过操练才能学会的。

能带出敬虔生命的操练有哪些？我简单做个整理：

一、**祷告**。祷告可以培养敬虔。

二、**查考圣经**。

三、**背诵经文**。我要强力推荐这项操练，这是能获得的最强大的力量来源。

我们曾读过一本关于中国文化大革命的书，书名是《中国的教会》，作者是卡尔罗伦斯（Carl Lawrence），这是本很值得一读的书。作者写到一个重点：在文化大革命期间最激烈的压迫之下，每个人的圣经都遭到没收，基督徒被抓被关、饱受折磨、为主殉道。而在那些遭囚禁、饱受折磨的基督徒中，最后能存活下来的都是大量背诵经文的人。其它的人要不就是否认信仰、出卖其它基督徒或精神崩溃，要不就是选择自杀。有足够韧性能够坚持到底的都是大量背诵经文的人。假设明天起你就要被囚禁二十年，身边不被允许拥有圣经。在第一年结束时，你还记得多少经文？谁知道你跟我何时会承受这般的精神压力？不要以为这件事永远不会发生在自己身上，因为的确很有可能。

四、**默想**。背诵经文之后，我通常会提到默想一事。有时你该花点时间在圣经中寻找这个主题，阅读一下关于默想神话语之人的所有应许。很显然，你无法默想未能背诵的经文。神的话语首先要进入你的脑子，然后才能供你默想。

五、**禁食**。另一种形式的纪律（操练），就是禁食，我觉得这是合乎圣经的做法。我要指出耶稣并没有对门徒说：“**如果你禁食的话**。”他说的是：“**当你们禁食的时候**。”（请参考马太福音六章 16-18 节）他假设他们都会这么做。我个人从圣经与经验中得到这个结论：在基督徒生活中有某些合神心意的目标，是一定要透过禁食才能得知的。（其实我很想纳入更多关于禁食的内容，但为了尊重这本书的主要目的，我想这样就够了。）

在此复习上面所提关于操练敬虔的做法：

- 祷告
- 读圣经
- 背诵圣经与默想
- 透过禁食操练舍己

论到我们生活在世上的这段期间，圣经在彼得后书三章 11 节警告我们特别地需要敬虔，说：

> 这一切（就是我们所见的世界）既然都要如此销化，你们为人该当怎样圣洁，怎样敬虔……？

另一方面，在犹大书里面，我们也看到末日人类沉迷于世界的图像。

> 亚当的七世孙以诺曾预言这些人说："看哪，主带着他的千万圣者降临，要在众人身上行审判，证实那一切不敬虔（ungodly）的人所妄行一切不敬虔的事，又证实不敬虔之罪人所说顶撞他的刚愎话。"　　　（犹大书 14-15）

经文中出现了三次的是哪个词汇？不敬虔。（圣经英文版出现四次 ungodly，但中文译本只出现三次）因此，这个世代要结束时会有什么独特的特征？那就是不敬虔。在你的文化中，在你活着的年日中，你是否已经看到许多不敬虔的事物大量发生？我想你应该会肯定地回答这个问题。在不敬虔当中，我们必须建立起敬虔，我们必要分别为圣，而这是需要操练的。

现在让我们一起跟主说，我们愿意踏出这一步：

天父，

我希望看到敬虔以更强烈的方式进驻我的人生。
我愿向周遭的人显现出神的品格与同在。

主啊, 我现在就决定开始进行必要的敬虔"操练",
求帮助我落实。在这操练的路上帮助我，并加添
我力量。奉耶稣名祷告，阿们。

第八章
第六项基础要领（基石）：
爱弟兄的心

现在来探讨第六项基础要领（基石）：爱弟兄的心。谁是我们的弟兄呢？就是众信徒们。换句话说，这一章的焦点是对众基督徒要有爱心。

第一眼看来，这项基础要领似乎比起前面讨论过的其它要领要容易得多。然而，我相信在「成为完全」这条道路上，前进得越多，考验就越是艰难。我希望你们能因我下面的话而得到鼓励，以我而言，当我发现要向人展现爱心并不容易时，确实是松了一口气。我们自认为能够爱其它的基督徒，但往往事实上并不是如此。

如果你是一个初信不久的基督徒，在基督徒生活中最严峻的考验很可能就是被某些基督徒错误的对待。你认为他们都会爱你、公平仁慈地对待你，不会在背后说你的坏话。很不幸地，事情并非如此，而且很可能跟你期待的恰恰相反。

或许令你感到吃惊，尽管我们可能被恶待，但我们**仍然**要去爱他们。那么实际一点吧，毕竟要保持慈爱的态度不总是这么容易的。那么，我来读诗篇五十五篇中大卫写的话语给你听。特别是如果你刚信主不久，又因着老基督徒的恶待而深感煎熬的话，我希望你能深刻体会这段经文。你仍然要爱他们，这是一种试验。请听诗篇五十五篇中大卫的经历：

> 若是仇敌作弄我，我还能够忍受；若是对头向我夸口，我还可以躲避。想不到却是你 — 我的同伴，我的知己，亲密的朋友！我们彼此有过亲密的交谈；我们曾一起到圣殿敬拜过。
>
> （诗篇五十五：11-14）

大卫对身边亲近的人说：「你就是背叛我的人。你是在我后面说我坏话的那个人。你就是让我失望的那个人。」

如果你曾经被你信任的人背叛过，你就知道那有多么痛苦了。别跟我说不会痛，我知道会痛。

但是我要再次说明：我们仍然要爱他们。神透过新的生命让我们能够去爱他们。请读彼得前书：

> 你们既因顺从真理，洁净了自己的心，以致爱弟兄没有虚假，就当从清洁的心彼此切实相爱。你们蒙了重生，不是由于能坏的种子，乃是由于不能坏的种子，是借着神活泼常存的道。
>
> （彼得前书一：22-23）

请注意爱弟兄的心来自顺服。是我们的新生命让我们有能力去爱其它信徒。如果我们没有重生，就不可能做到，这并不表示这件事很容易，但却是有可能做到的。

全新的命令

如果我们有兴趣传福音给人，就要记得传福音给世人最好的方法，就是以爱与兄弟之谊来彼此相待，没有任何其它的方法能超越这个方法。约翰福音十三章 34-35 节，耶稣说：

> 「我赐给你们一条新命令，乃是叫你们彼此相爱；
> 我怎样爱你们，你们也要怎样相爱。」

请注意这不是一个建议，而是一道命令。如果我们不这么做，就是不顺服。接着耶稣又说：

> 「你们若有彼此相爱的心，众人因此就认出你们
> 是我的门徒了。」

对观看我们的世人来说，唯有基督徒彼此相爱，他们才听得见主的信息。这是可以接触整个世界的唯一见证。

如果我们根本没有准备好向身边的基督徒展现慈爱，就压根别谈传福音和接触失丧的人。我想你会同意在邀请未信者成为基督徒时，他们对基督教提出的第一个反对意见就是，他们看到教会的分裂与争吵。

还记得有一次我跟一个犹太人聊天，提到耶稣的宣告。他说：「如果我加入教会，那要加入哪一间教会呢？」当时耶路撒冷基督徒是处在四分五裂的情况，许多年来，耶路撒冷的基督徒团体都在跟另外某个基督徒团体争吵。以色列军队必须驻守在圣墓堂里面，这样希腊正教和罗马天主教徒才不会为了谁有该教堂的控制权而大打出手。在那种环境下，以色列人怎么可能相信基督徒中间的弟兄之爱呢？所以我才说，我们领受的是一个「全新的命令」。

你是否感觉到要掌握这项基础要领的挑战已远超越你的能力呢？那么为什么不趁在这章的结尾，把

它带到主面前来恳求呢？

> 亲爱的主，
>
> 这项基础要领似乎是我无法达到的。我仍在处理从其它信徒身上受到的伤害中，我再次把这些伤害带到你面前，求你的医治与复原。
>
> 主，请帮助我，能在基督里爱我的弟兄姐妹。奉主的名求，阿们。

第九章
第七项基础要领（基石）：
爱（众人的）心

终于我们要来谈最后一项基础要领（基石）了。在彼得后书一章 7 节教导我们，「有了爱弟兄的心，又要加上爱众人的心」。你是否猜得到希腊文的「爱」是哪个字了呢？（稍早我们曾提过。）就是「爱加倍」（agape）这个爱字。

「爱加倍的爱」是个顶峰，它不是起点，而是终点。你是否因此松了一口气？可能你还没完全达到这目标，但确实有方法可以达到目标。我们可以采取一些步骤。

什麽是「爱加倍的爱」？那就是神的爱。在罗马书五章这优美的篇幅中已经详加描述。

> （第 6 节）因我们还软弱的时候，基督就按所定的日期为罪人（英文版圣经做 ungodly，不敬虔的人）死。（第 8 节）惟有基督在我们还作罪人的时候为我们死，神的爱就在此向我们显明了。（第 10 节）因为我们作仇敌的时候，且借着神儿子的死，得与神和好；既已和好，就更要因他的生得救了。（罗马书五：6、8、10）

请注意，在基督为我们受死时，我们的身份为何。我们是软弱之人、不敬虔的人、罪人、神的仇敌，但是祂爱我们。这告诉我们神的爱是何等丰富。

你懂吗，这就是在马太福音五章登山宝训中耶稣所谈论的，而在本书第一章我们也已经提过。耶稣对众人说:「你们若单爱那爱你们的人，有什麽赏赐呢? 你们若单请你弟兄的安，比人有什麽长处呢? 就是外邦人不也是这样行吗?」(马太福音五：43-48)

基督徒的记号就是爱我们的仇敌。要向那些对我们行恶的人行善; 要爱那些恨恶我们的人，祝福那些咒诅我们的人。这就是要成为完全的意思，也就是要在为人处事上行得正、做得直。学习像神一样正直，他让日头与雨滴同时降在好人与坏人身上。

爱的实际方法

在罗马书十二章 9-21 节中，保罗列出用以约束基督徒行为的各项原则。在第 9 节中，他用最重要的一个动机起始:「爱人不可虚假」，接下来其它所有的指令都只是基督徒表达爱的不同方式罢了。

> 爱人不可虚假。恶，要厌恶; 善，要亲近。爱弟兄，要彼此亲热; 恭敬人，要彼此推让。殷勤，不可懒惰; 要心裡火热，常常服事主。在指望中要喜乐; 在患难中要忍耐; 祷告要恆切。圣徒缺乏，要帮补; 客，要一味地款待。逼迫你们的，要给他们祝福; 只要祝福，不可咒诅。与喜乐的人要同乐; 与哀哭的人要同哭。要彼此同心;不要志气高大，倒要俯就卑微的人 (人: 或译事)。不要自以为聪明。不要以恶报恶; 众人以为美的事要留心去做。若是能行，总要尽力与众人和睦。亲爱的弟兄，不要自己伸冤，宁可让步，听凭主怒 (或译：让人发怒); 因

为经上记着：「主说：'伸冤在我，我必报应。'」所以，「你的仇敌若饿了，就给他吃，若渴了，就给他喝；因为你这样行就是把炭火堆在他的头上。」你不可为恶所胜，反要以善胜恶。

（罗马书十二：9-21，中文圣经和合本）

基督徒生活的源头总归就是爱。所以保罗在罗马书十二章9节一开始就讨论真诚的爱，这是其它一切事物涌流的源头。这不是一套规矩要你遵守；而是一套指导方针，教你如何导引出神放在你心中的爱。你看到其中的不同点了吗？

假设你试着用小水桶提水帮大花园浇水，你得一次又一次地回到水龙头那裡接水。你热得要命又汗流浃背，感觉很累，状况不妙。接着有人对你说：「为什麽不用水管呢？把水管接到水龙头那裡，喷水头的控制开关握在手裡，那麽你就只要拿着水管就好啦。」不论哪裡需要浇水，你都可以轻松搞定。这就是保罗在这裡说的。就是要用这种方式引导水，而这水就是神放在你心中的爱。千万不要把它变成一套规矩，而是要懂得引导出神所赏赐你的爱的水流。

我们要如何实际地去爱人呢？上述罗马书十二章的经节中，我找出了十二项行动，能够在过程中帮助我们。我们会简单地逐项解释，本质上这能帮助我们「把水管接上水龙头」。

一、恨恶邪恶，爱神。

恶，要厌恶；善，要亲近。（罗马书十二：9）

恨恶邪恶，喜爱良善。这两者间没有中间地带。

圣经诗篇四十五篇 7 节是一处提到耶稣为弥赛亚的预言：

> 你喜爱公义，恨恶罪恶；
> 所以神 — 就是你的神 — 用喜乐油膏你……
> （新普及译本）

为什麽神要赐福给耶稣？因为他爱公义，恨恶罪恶。如果你爱神也爱公义，那麽对于邪恶就无法持中立态度。

诗篇九十七篇 10 节说：「你们爱耶和华的，都当恨恶罪恶；他保护圣民的性命，搭救他们脱离恶人的手！」对那些真正爱主的人来说，对邪恶是丝毫不能妥协的。

二、奉献自己，以他人为尊。

> 要彼此以兄弟之爱相爱；也要乐于互相尊重……
> （中译文取自「新普及译本」罗马书十二：10）

要奉献自己，恭敬人要彼此礼让。更多荣耀他人，多于寻求自己的荣耀。

我曾经难以遵守这个原则，因为我心裡会这麽想：**当我不认为对方好过我时，我如何能去尊荣他呢？**（当然，你可能从来没遇过这个问题。）接着我看到保罗在哥林多后书十章 12 节的叙述，他说有人用别人度量自己（经文是用「自己」度量自己），用自己比较自己，乃是不通达（聪明）的。我明白到只有一种标准，那就是耶稣。当你用祂来衡量自己时，就比较容易以他人为尊。

三、要殷勤。

殷勤，不可懒惰；要心裡火热，常常服事主……

（第 11 节）

正如我们稍早说过的，你可以翻遍整本圣经但找不到任何关于懒惰的正面评价。醉酒是罪，但懒惰是更糟糕的罪。事实上，懒惰比醉酒受到更严重的咒诅。你知道懒惰是什麽意思吗？根据罗马天主教的教导，懒惰是一种致死的罪恶。

四、热情地服事主。

第 11 节的后半部「心裡火热，常常服事主」，是讲到要热情奉献自己去服事主。我喜爱威廉布斯（William Booth）的女儿凯瑟琳（Catherine）所说的话：「耶稣热情地爱我们，且他也希望受到热情地爱戴。」请扪心自问：「我是否热情地爱着我的主呢？」我内人有个优点，就是她热情地爱着主，她献上自己的全人去爱主。而现在教会中几乎已经失去真实的热情了，但却是我们急需的。

五、慷慨地施予，热忱地接待。

……圣徒缺乏，要帮补；客，要一味地款待。

（第 13 节）

我会把这句经文翻译成「跟其它信徒分享一切，要热忱款待。」你知道热忱款待是一种事工吗？神很可能赐给了你这样的恩赐，把这种恩赐加以培养，成为一种事工，用来荣耀神。

你是否还记得耶稣的劝谏？他说：「不要邀请富有的人；要邀请穷人、瞎子、无法偿还你（恩情）的人。」为什麽？耶稣给的理由很棒：因为在復活的时候你会得到奖赏。如果你现在就得到奖赏，到了那时候就什麽都没有了。如果你的奖赏现在领不到，那麽那份奖赏就会在永世当中等着你。

六、赐福你的仇敌，而不是咒诅他们。

逼迫你们的，要给他们祝福；只要祝福，不可咒诅。 （第 14 节）

你觉得祝福那些逼迫你的人会有多容易？在我写的《祝福或者咒诅：你有选择权》（Blessing or Curse: You Can Choose）一书中讨论过这个主题。在该书的写作过程中，神不让我完成书写，直到我养成纪律、能够经常地饶恕与祝福那些抵挡我的人为止。我可以见证，这经验帮助我提升到一个全新的层次。关于那些对人苛刻、不仁慈且不宽厚的人，我会说：「主啊，我饶恕他们。在饶恕过他们之后，我奉你的名祝福他们。」

人活在世上，不可避免地会受到某些人的批评，有些人就是会反对你。但是身为基督徒最大的特权，就是去祝福他人。祝福他人是很合乎神心意的做法。

当我思想祝福这个主题时，我想到拿着香膏瓶的妇人。那妇人用非常昂贵的香膏膏抹了耶稣，这香膏价值等同整整一年的薪资。在膏抹香膏后发生了什麽事情呢？人们大肆批评这妇人，即便是如此，他们仍可以闻到香气。你能够成为把香气带到他人生命中的人，人们或许会批评你，但他们仍然可以闻到你带出的香气。你还记得耶稣说过关于这个妇人的话语吗？他说：「由她吧！为什麽难为她呢？她在我身上做的是一件美事。我实在告诉你们，普天之下，无论在什麽地方传这福音，也要述说这女人所做的，以为记念。」（请参看马可福音十四：3-9）

这是神对那倾倒香膏的妇人的态度。祝福就是倾倒出香膏，每当你倾倒出香膏，而每当你祝福他人时，你就开始散布了香气。

七、在他人喜乐与忧愁时，与他们同在。

与喜乐的人要同乐；与哀哭的人要同哭。

（第 15 节）

我想要再次称许我的太太，因为她在这方面立下了极美好的典范。她总是能适时地与人同欢乐，也能够与人同哀哭。在这些方面我都难以匹敌。

其实，真正的问题出在自我中心。你无法跟那些喜乐与哀哭的人同喜乐或者同哀哭，除非先把自我中心放在一边。请容我警告各位：如果你想要不快乐的药方，那就培养自我中心吧。这样的追求，保证让你拥有不快乐的一生。

八、除去你的骄傲。

要彼此同心；不要志气高大，倒要俯就卑微的人。不要自以为聪明。 （第 16 节）

这个劝勉跟与人同喜乐、同哀哭的建议具有同等的同情心。我把「叶牧师版」（the Prince Version）

的第 16 节翻译跟各位分享：「要和睦相处，要谦卑，不要自满或者自大。除此之外，避免骄傲。」箴言告诉我们骄傲只启争竞（箴言十三：10 节）。引起争吵与不合的最大起因，是骄傲。

九、公平对待他人。

不要以恶报恶；众人以为美的事要留心去做。

（第 17 节）

爱就是公平对待人，当你被错待时也不报仇。

十、成为和平之子。

若是能行，总要尽力与众人和睦。（第 18 节）

从现实面来看，你不可能与每个人都和睦相处，因为总会有人拒绝和睦相处。但如果主导权在你手上，你总要尽力与每个人都维持和睦，这会让你的消化系统维持良好状态。

你可知道当我们内心充满仇恨、苦毒和不饶恕时，我们的胃就会打结？「和平」一词的希伯来文 shalom，实际上意指「完整」，这是一个美丽的字词。当你给予和平，你就会得到和平。

十一、不要自己伸冤。

亲爱的弟兄，不要自己伸冤，宁可让步，听凭主怒；因为经上记着：「主说：『伸冤在我，我必报应。』」

（第 19 节）

在这一节经文中，保罗也引用了很吓人的一些词汇。他提到：「听凭主怒。」这是一种吓人的想法。如果你不为自己伸冤，那麽神会帮你伸冤。我宁愿要哪一种呢？你想要人的报復行为还是神的报復行为？

如果有人想要自己伸冤，不会令我害怕。但是如果是神亲自审理案子，那后果就会令人害怕。当你放下仇恨然后说出下列这番话时，没有比这更可怕的：「我不用自己伸冤，就让神好好对付你吧！」

十二、以善胜恶。

你不可为恶所胜，反要以善胜恶。（第 21 节）

我们要怎麽去实践这一点呢？在本书末尾，我们会更仔细地检视这一节。诚如你所说，这个劝告中有很大一部分只是要你用相反的精神去回应。换句话说，不要用相同于坏人层次的行为去对付他，而要用爱去回应仇恨，要用甜美去回应苦毒，要用温柔去回应愤怒。

你可知道天堂是为什麽人预备的吗？天堂是为那些以善胜过邪恶的人所预备的。

爱的特质是什麽？

我们再看一次保罗在罗马书第十二章的结尾处怎麽说，并且放在「爱加倍的爱」的上下文中去看：

你不可为恶所胜，反要以善胜恶。（第 21 节）

在这本书的结尾，我要告诉你们一些事情，请务必记住。我们在这世上遇到的邪恶势力非常强大，唯有一种力量足以胜过，那就是良善的力量。除非我们能达到罗马书十二章教导的目标，否则我们就会被恶所胜。不论面对我们的是什麽形式的邪恶，我们总是必须以善的形式去回应。

有位我所珍视、亲爱的主内弟兄，名叫罗伦康宁汉（Loren Cunningham）。他教导大家面对邪恶，要用相反的精神去回应。当你遇到仇恨，以爱回应；当你遇到批评，以赞美回应；当你遇到苦毒，以仁慈回应。总之，要以善良回应邪恶。

这就是得胜的方式。在这「爱加倍的爱」的领域，要「追求完全」就是要这麽做。

祷告时刻

在我的传道生涯中我常说，单单传讲好听的宗教道理是不够的。除此之外，我总是想要给听者回应的机会，而现在就是你回应的机会。

我很确定你在阅读这些基础要领（基石）的过程中必然已经受到挑战，而透过这些基础要领（基石）你可以过着蒙神喜悦的人生，并让你朝向成熟迈进。或许你现在觉得挑战可能太大了，甚至可能感到很挫败，觉得自己做不到。正如我们稍早说过的，想靠自己的力量得神的喜悦是不可能的，这时候你需要恩典，这也是你在看完本书后，应当转而寻求神的力量。你应当倚靠神的恩典来帮助你。

让我们以祈求主的帮助来结束本书的教导。你在此作的祷告会开始带着你，走上改变你一生的永恆道路。愿神赐福你未来的道路。

亲爱的主，
我已经学过这本书中所有的教导，我也学到在你裡面要长大成熟所当需要的这一切基础要领（基石）。这些都非我的能力所及，所以我转向你恳求帮助。现在我把生命交在你手中，同时也把结果交托给你。
当我愿意面对你为我人生预备的终极目标前行时，请帮助我并赐我能力。奉耶稣名祷告，阿们。

如何在智能手机上安装应用程序(App)

可复制网址到智能手机的浏览器，或使用二维码安装适用于您智能手机的应用程序（App）

iPhone/iPad手机下载网址:

https://itunes.apple.com/sg/app/
ye-guang-ming-ye-guang-ming/
id1028210558?mt=8

若干安卓手机下载地址如下，供您选择:

https://play.google.com/store/
apps/details?id=com.subsplash.
thechurchapp.s_3HRM7X&hl

叶光明事工微信公众平台:

DPM47

www.ingramcontent.com/pod-product-compliance
Lightning Source LLC
Chambersburg PA
CBHW071844020426
42331CB00007B/1851